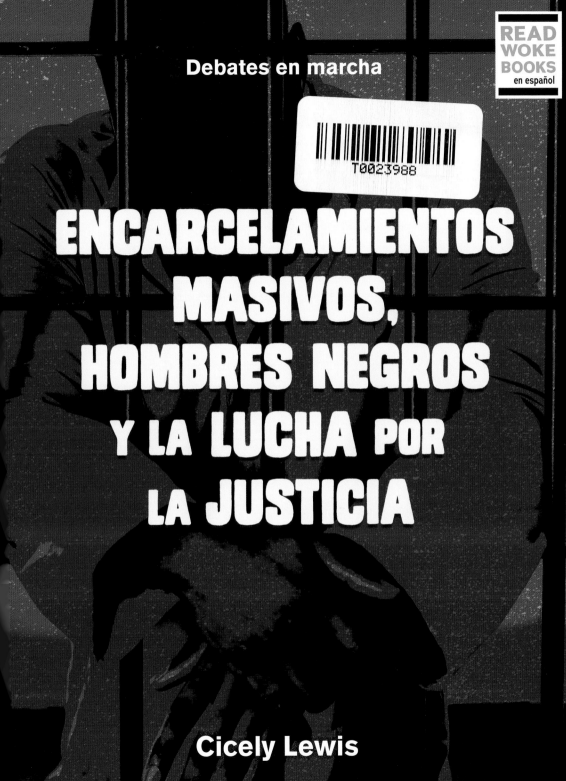

Debates en marcha

READ WOKE BOOKS en español

T0023988

ENCARCELAMIENTOS MASIVOS, HOMBRES NEGROS Y LA LUCHA POR LA JUSTICIA

Cicely Lewis

ediciones Lerner ◆ Mineápolis

Estimados lectores:

Cuando tenía cinco años, mi papá fue enviado a prisión. Nos escribíamos cartas, hasta que un día me enojé. Me daba vergüenza decirles a las personas dónde estaba mi padre, veía a mi mamá luchando por pagar las cuentas . . . sentí que él me había traicionado. Decidí que no iba a escribirle más.

Cicely Lewis

Para cuando lo liberaron, yo había seguido con mi vida. Pero cuando me topé con un libro sobre los encarcelamientos masivos, pude comprender mejor. Me di cuenta de que mi papá necesitaba rehabilitación, no ir a prisión. Mi padre era una víctima.

A los cuarenta años, volvimos a encontrarnos. Me contó que deseaba acercarse a mí y que rezaba para que este día llegara. Mi hijo de doce años lloró; no lograba imaginarse no poder ver a su papá todos los días. Verlo llorar me hizo volver a vivir el dolor y la tristeza que había enterrado.

Espero que este libro pueda ayudar a que se reforme el sistema judicial y así ahorrarle a una familia el dolor que sufrió la mía. Espero que los ayude a ustedes como lectores a comprender mejor los efectos de los encarcelamientos masivos.

Cicely Lewis, editora ejecutiva

CONTENIDO

Con el tiempo, algunos de los argumentos legales de Isaac Wright Jr. sentaron las bases de leyes nuevas.

LIBERTAD PERPETUA

IMAGINA SER CONDENADO Y SENTENCIADO DE POR VIDA POR UN DELITO QUE NO COMETISTE. Decides estudiar la ley y obtienes tu libertad. En el camino, logras revocar las condenas de más de veinte reclusos.

Esta historia sucedió de verdad. En 1991 Isaac Wright Jr. fue condenado y sentenciado a cadena perpetua. En la cárcel estudió leyes y supervisó su propia apelación. Años más tarde, el rapero y productor de televisión Curtis "50 Cent" Jackson llevó la historia de Wright a la pantalla. La serie *Cadena Perpetua* tuvo su debut en ABC en febrero de 2020. Su objetivo era que el público conociera las inequidades del sistema de justicia penal. Por desgracia, la historia de Wright es una realidad para muchos hombres negros en Estados Unidos, y muchos de ellos no tienen un final hollywoodense. Los hombres negros tienen la tasa de encarcelamientos más alta que cualquier otro grupo en los Estados Unidos.

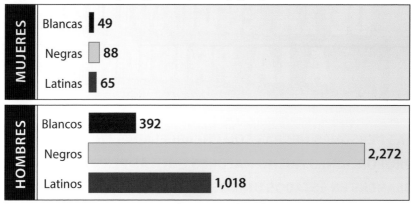

Cantidad de personas privadas de su libertad por cada 100 000 por género, raza y grupo étnico

MUJERES		
Blancas	49	
Negras	88	
Latinas	65	

HOMBRES		
Blancos	392	
Negros		2,272
Latinos	1,018	

Fuente: E. A. Carson, "Prisoners in 2018", Washington, DC, Oficina de Estadísticas de la Justicia, 2020.

Los hombres negros son encarcelados en una proporción casi seis veces mayor que los hombres blancos. Las mujeres negras son encarceladas casi el doble de las veces que las mujeres blancas.

Es más probable que los hombres negros sean arrestados y condenados que los hombres blancos, y las sentencias a prisión que reciben son más prolongadas.

CAPÍTULO 1
DE LA ESCLAVITUD A LA PRISIÓN

LAS PERSONAS NEGRAS SON ENCARCELADAS EN PROPORCIONES MUCHO MAYORES QUE LAS PERSONAS BLANCAS EN ESTADOS UNIDOS. Algunos creen que las personas negras cometen más delitos que las personas blancas. Pero el racismo estructural tiene un papel fundamental cuando se determina a quién se acusa por los delitos, quién es condenado y cuánto tiempo dura la sentencia de alguien.

El elevado índice de encarcelamientos entre las personas negras tiene raíces profundas en la esclavitud. Los primeros africanos esclavizados llegaron a América en 1619. Las personas esclavizadas eran forzadas a trabajar en plantaciones en condiciones rigurosas. Las personas blancas las consideraban inferiores y les negaban la capacidad de votar, educarse o ser dueñas de tierras. Los esclavizadores separaban a las personas de sus familias y les prohibían viajar. Las personas esclavizadas quedaban traumatizadas por los efectos de la esclavitud. Incluso después de que esta terminó, sus ecos continuaron apareciendo en las leyes y la política durante generaciones.

Frederick Douglass escapó de la esclavitud en 1838 y se convirtió en un líder del movimiento abolicionista.

Después de la Guerra Civil (1861–1865), se añadió la Decimotercera Enmienda a la Constitución de Estados Unidos para que la esclavitud y la servidumbre involuntaria fueran ilegales. Pero tenía una excepción notable: la esclavitud era ilegal «excepto como castigo por un delito por el que la parte haya sido debidamente condenada». Esto permitió a los legisladores, policías y jueces blancos castigar a las personas negras con trabajos forzados, por lo que se mantenía la esclavitud con otro nombre. Durante la Reconstrucción (1863–1877), las personas blancas en el poder les alquilaban personas negras a las organizaciones privadas, como empresas de ferrocarril y mineras. Cuando la Reconstrucción terminó en el Sur, los estados extendieron la práctica del alquiler de convictos.

> **«Estados Unidos tiene el índice más alto de encarcelamientos que cualquier otro país de la Tierra . . . el legado de la esclavitud es central para comprender esta práctica de encarcelamientos masivos y castigos excesivos».**
>
> —Bryan Stevenson, fundador de Equal Justice Initiative

El fin de la Reconstrucción también dio lugar a otra forma de opresión: Las leyes de Jim Crow. Estas leyes hicieron uso de normas que avalaban la segregación racial (códigos negros) que se aprobaron después de la Guerra Civil y se revocaron durante la Reconstrucción. Las leyes de Jim Crow se aprobaron en el sur para

JUNETEENTH

La Proclamación de la Emancipación anunciaba que la esclavitud terminaría y que todas las personas esclavizadas serían liberadas el 1 de enero de 1863. Pero las noticias viajaban con lentitud en el siglo XIX. Más de dos años después, el 19 de junio de 1865, soldados de la Unión llegaron a Galveston, Texas. Recién en ese momento las personas esclavizadas del estado supieron que eran libres. La celebración que siguió inspiró el feriado de Juneteenth. Muchos estadounidenses negros continúan celebrando Juneteenth como el día en el que la esclavitud terminó verdaderamente.

Artistas en un desfile por Juneteenth en Filadelfia, Pensilvania, en 2019.

La esclavitud continuó viviendo en las cuadrillas de presos encadenados, que eran grupos de personas negras encarceladas que se alquilaban por poco valor para que trabajaran.

mantener a las personas negras y blancas separadas en la mayor medida posible. Por ejemplo, las personas negras tenían prohibido usar los mismos bebederos que las personas blancas y estaban forzadas a ir en la parte posterior de los autobuses. Muchas de estas leyes se mantuvieron hasta bien entrado el siglo XX.

Aunque la esclavitud finalizó, las personas blancas continuaron torturando, maltratando y despojando de sus derechos a las personas negras mediante la creación de sistemas injustos, especialmente en el sur. Las prácticas tales como el alquiler de convictos y las leyes de Jim Crow se crearon no solo para mantener a las personas negras en la pobreza, sino también para incentivar que se las encarcele para conseguir mano de obra barata. Estas prácticas y leyes continuaron el legado de la esclavitud.

El presidente Richard Nixon aseveró que las drogas eran el mayor peligro que enfrentaban los estadounidenses en un discurso en 1971.

CAPÍTULO 2
SENTENCIAS INJUSTAS

EN LA DÉCADA DE 1970, EL PRESIDENTE RICHARD NIXON CREÍA QUE LAS LEYES MÁS DURAS CONTRA EL DELITO ERAN LA MEJOR MANERA DE DISMINUIRLO. Nixon también estaba muy preocupado por el consumo de drogas. Comenzó la que se hizo conocida como la guerra contra las drogas. Durante la presidencia de Ronald Reagan (1981–1989), los índices de encarcelamiento aumentaron radicalmente, especialmente por acusaciones relacionadas con las drogas. Pero que hubiera más personas en prisión no disminuyó el delito. En realidad, dio lugar a encarcelamientos masivos, es decir, que Estados Unidos encarceló a personas a un ritmo muy elevado.

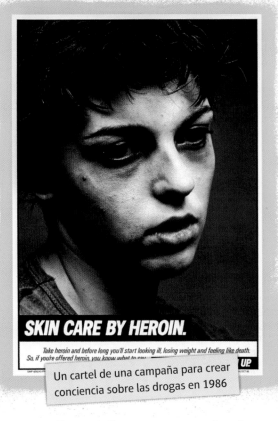

SKIN CARE BY HEROIN.

Take heroin and before long you'll start looking ill, losing weight and feeling like death. So, if you're offered heroin, you know what to say.

Un cartel de una campaña para crear conciencia sobre las drogas en 1986

La guerra contra las drogas se convirtió en otra manera de criminalizar y controlar a las personas negras. Aunque no es más probable que las personas negras consuman drogas que las blancas, es más probable que sean arrestadas y encarceladas por el consumo de drogas. También reciben sentencias a prisión más prolongadas.

Durante la guerra contra las drogas, los políticos que deseaban parecer duros contra el delito apoyaban leyes que creaban penas mínimas obligatorias y clasificaban a las acusaciones por drogas como delitos graves. Las penas mínimas obligatorias requerían que un juez dicte sentencia contra alguien por una cantidad de tiempo mínima, con frecuencia varios años. Las condenas por delitos graves hacían que fuera mucho más difícil conseguir trabajo y ganar dinero. Esto significa que una persona pobre con una condena por un delito grave es más probable que siga siendo pobre. La pobreza es el indicador más confiable de reincidencia, es decir, si una persona volverá a cometer un delito. Este abordaje del delito crea un ciclo que perjudica a las personas negras y pobres. A quienes se ven atrapados por el sistema les resulta muy difícil salir.

ENCARCELAMIENTOS MASIVOS Y PRIVACIÓN DE DERECHOS

Las leyes creadas durante la guerra contra las drogas convirtieron muchas acusaciones relacionadas con las drogas en delitos graves. En muchos estados, recibir una condena por un delito grave significa perder el derecho a votar, incluso después de salir de prisión. En 2020, casi 5,2 millones de personas no podían votar por condenas previas por delitos graves.

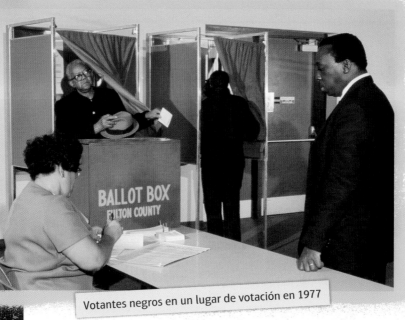

Votantes negros en un lugar de votación en 1977

En 1994, el presidente Bill Clinton transformó en ley un proyecto de ley referido al delito nuevo. El proyecto de ley ofrecía dinero a los estados que construían prisiones y reducían la libertad bajo palabra. Los índices de encarcelamientos continuaron aumentando sin control durante la presidencia de Clinton (1993–2001).

La guerra contra las drogas puede compararse con la respuesta a la crisis de los opioides, que comenzó en la década de 1990. Después de que las empresas farmacéuticas mintieran sobre hasta qué punto eran adictivos sus opioides (una clase de medicamentos para el dolor), los médicos los prescribieron

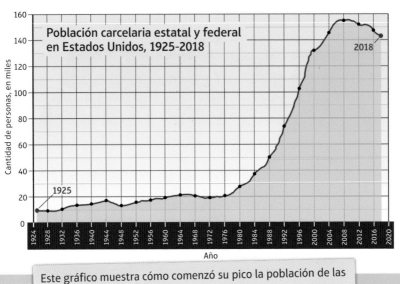

Este gráfico muestra cómo comenzó su pico la población de las cárceles en Estados Unidos en la década de 1980. Esto no se debe a un aumento de los índices del delito, sino a los cambios en las políticas.

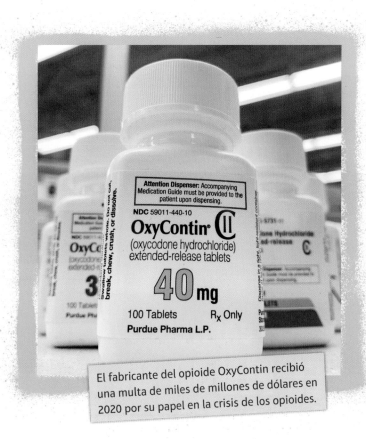

El fabricante del opioide OxyContin recibió una multa de miles de millones de dólares en 2020 por su papel en la crisis de los opioides.

con demasiada frecuencia. Muchas personas se convirtieron en adictas, sufrieron sobredosis y murieron. En 2018, el 75 % de las muertes por opioides se daba entre personas blancas. Quienes estaban en el poder manejaron la crisis de manera diferente que lo que lo habían hecho con la guerra contra las drogas. Las respuestas trataron la adicción como un problema de salud pública y se centraron en aumentar el conocimiento y ampliar el acceso a los tratamientos contra las adicciones. Las diferencias sugieren que cuando las personas blancas consumen drogas, se las percibe como víctimas. Pero cuando las personas negras consumen drogas, se las considera delincuentes.

Un agente de la policía asignado a la escuela controla la cafetería de una escuela.

CAPÍTULO 3
EL FLUJO DE LA ESCUELA A LA PRISIÓN

EN 2020, EN RESPUESTA A LAS MUERTES DE GEORGE FLOYD, BREONNA TAYLOR Y OTROS EN MANOS DE LA POLICÍA, EL MOVIMIENTO BLACK LIVES MATTER LLENÓ LAS CALLES PARA PROTESTAR CONTRA LAS INJUSTICIAS RACIALES. Muchas personas pidieron que se aparte de las instituciones educativas a los agentes de la policía asignados a la escuela (SRO, por sus siglas en inglés). Se trata de agentes de la policía que tienen la tarea de prevenir el delito en las escuelas y mantener la seguridad de los niños. Pero debido a la falta de financiamiento y recursos para la salud mental y otros problemas, estos agentes con frecuencia tienen responsabilidades extra. En un informe se observó que catorce millones de estudiantes están en escuelas que tienen policías pero no enfermeros, trabajadores sociales o trabajadores de la salud mental. De modo que es probable que los agentes deban atender problemas de los estudiantes para los que no están capacitados. Los activistas señalaban que los agentes de la policía contribuían al exceso de control policial ejercido sobre los niños negros en las escuelas, lo que ocasionaba castigos severos e incluso la prisión.

Manifestantes en Saint Paul, Minnesota, pedían la remoción de los agentes de la policía de las escuelas en 2020.

En la década de 1990, muchas escuelas adoptaron políticas de tolerancia cero, que dieron origen a severos castigos para los estudiantes que rompían las reglas. Hay estudios que muestran que estos castigos son más severos para los niños negros que para los blancos, incluso cuando las infracciones son poco significativas. En 2015, una joven de dieciséis años llamada Shakara no guardó su teléfono celular con la suficiente rapidez cuando comenzó la clase. En respuesta, un oficial de la policía asignado a la escuela la empujó de su escritorio y la arrastró por el piso antes de hacerle una acusación por un delito menor. El incidente les reveló a muchas personas de qué manera las medidas disciplinarias podían rápidamente convertirse en criminalización en las escuelas.

Las medidas disciplinarias severas comienzan pronto para la población infantil negra. Las niñas y niños negros conforman el 18 % de los estudiantes de preescolar de Estados Unidos, pero son el 48 % de los niños suspendidos a esa edad. En 2014, la Dra. Tunette Powell recordó cuando le contó a un grupo de madres blancas que juntos, sus dos hijos habían sido suspendidos ocho veces. Le sorprendió saber que cuando los hijos de ellas se

> «Ya no podemos seguir poniendo parches al flujo del preescolar a la prisión en nuestro país, que empuja a los niños fuera del sistema educativo y criminaliza ofensas relativamente menores».
>
> —Dra. Tunette Powell, directora interina del Proyecto de Empoderamiento de los Padres de UCLA

Las desigualdades en la disciplina pueden comenzar ya desde preescolar para los niños de color.

habían comportado de manera similar o peor, su castigo era solo una llamada telefónica al hogar, no suspensiones.

Las suspensiones y otros castigos severos obstaculizan el progreso académico de los estudiantes y aumentan la probabilidad de que dejen la escuela. Un estudio señaló que casi uno de cada cuatro estudiantes varones negros que dejan la escuela secundaria es encarcelado en un día promedio. Y que el 23 % de los estudiantes que son suspendidos terminan en el sistema de justicia juvenil. La presencia policial en las escuelas, las prácticas disciplinarias desiguales y la criminalización de los estudiantes negros contribuyen al flujo de la escuela a la prisión y a los encarcelamientos masivos.

PARA REFLEXIONAR

¿Qué pueden hacer las escuelas para interrumpir el flujo de la escuela a la prisión?

Meek Mill en 2018

CAPÍTULO 4

LA LLAMADA A ABOLIR LAS CÁRCELES

EN 2017 EL RAPERO MEEK MILL FUE ARRESTADO Y CONDENADO A DOS A CUATRO AÑOS POR VIOLAR SU LIBERTAD CONDICIONAL POR UNA CONDENA DE DIEZ AÑOS.

Su arresto desencadenó indignación. Todo el mundo pudo observar mejor las injusticias del sistema de justicia penal estadounidense. Celebridades como el rapero Jay-Z se unieron a la lucha para liberar a las personas atrapadas en el sistema. Ayudó a fundar la Alianza para la Reforma para cambiar las leyes injustas de libertad condicional y bajo palabra.

Hay leyes nuevas que han ayudado a reducir las poblaciones

en prisión en Estados Unidos. En 2010, el Congreso aprobó la Ley de Sentencias Justas, que redujo las sentencias más largas por condenas que involucraran a la cocaína crack. Durante la guerra contra las drogas, las sentencias prolongadas por delitos relacionados con la cocaína crack afectaron de manera desproporcionada a las personas negras.

Durante décadas, se ha acusado a las personas negras casi cuatro veces más que a las personas blancas a causa de las leyes relativas a la marihuana. Pero a partir de noviembre de 2020, quince estados y el distrito de Columbia han legalizado la marihuana. Veinticinco estados y el distrito de Columbia han quitado algunas de las penas por la posesión de marihuana.

Jay-Z (en el extremo izquierdo) anuncia la formación de la Alianza para la Reforma en 2019.

En 2018, el presidente Donald Trump firmó la Ley del Primer Paso para comenzar a deshacer el daño causado por las sentencias injustas en Estados Unidos. La ley reducía las sentencias federales prolongadas y trabajaba para mejorar las condiciones en las cárceles federales. La ley es el resultado de años de trabajo de defensoría de todos los partidos políticos.

Algunos activistas apartan la mirada de las prisiones en su totalidad. Muchos creen que las cárceles hacen poco por curar o rehabilitar a las personas encarceladas. Consideran que los

Manifestación por la reforma del sistema carcelario en Jackson, Mississippi, en 2020.

Los participantes se toman de las manos durante el círculo de pacificación, un método utilizado por la justicia restaurativa.

programas que se centran en la justicia restaurativa son una alternativa a la cárcel. Con el uso de métodos como el servicio comunitario, los círculos de pacificación y los diálogos entre víctimas y agresores, la justicia restaurativa se centra en reconocer y reparar el daño. Estos métodos pueden ayudar a responsabilizar directamente a los agresores ante sus víctimas.

La lucha por ponerle fin a los encarcelamientos masivos continúa. Los activistas esperan continuar responsabilizando a los políticos y los líderes del gobierno del cambio en el sistema de justicia penal estadounidense.

PARA REFLEXIONAR

Cuando alguien te lastima, ¿cómo deseas que lo solucione?

MANOS A LA OBRA

Estas son algunas maneras en las que puedes ayudar a luchar contra los encarcelamientos masivos:

Ponte en contacto con representantes locales, estatales y nacionales y expresa tus preocupaciones.

Infórmate sobre los encarcelamientos masivos. Consulta la Lista de lecturas de Read Woke en la página 30.

Apoya a las personas de tu comunidad afectadas por los encarcelamientos. Pregúntale a un adulto si puedes ofrecer tu tiempo como voluntario para ayudar a una familia que esté experimentando encarcelamiento.

Con la ayuda de un adulto, haz donaciones a organizaciones para ayudar a las personas encarceladas y sus familias.

Pregúntale a un adulto si puedes participar en un programa local de justicia restaurativa.

Si tienes un amigo o amiga cuya familia está lidiando con el encarcelamiento, pregúntales qué necesitan. Escúchalos si quieren hablar.

LÍNEA DE TIEMPO

1619: Los primeros africanos esclavizados llegaron a América.

1865: El primer Juneteenth celebra el final de la esclavitud en Estados Unidos.

1877: Cuando termina la Reconstrucción, los estados amplían el alquiler de convictos y las leyes de Jim Crow.

1971: El presidente Nixon declara que el consumo abusivo de drogas es la mayor dificultad que enfrenta Estados Unidos.

1986: El presidente Reagan firma la Ley contra el Abuso de Drogas, que le otorga más de 1000 millones de dólares a las iniciativas que luchen contra las drogas y amplía la cantidad de ofensas por drogas con penas mínimas obligatorias.

1994: El presidente Clinton firma la Ley de Control de Delitos Violentos y Cumplimiento de la Ley, que otorga financiamiento federal para más prisiones y cárceles y aumenta la cantidad y la duración de las sentencias a prisión obligatorias.

La Ley de Escuelas libres de Armas exige que los estudiantes que lleven un arma de fuego a la escuela sean suspendidos durante un año e inspira otras políticas nuevas de tolerancia cero en las escuelas.

1997: La cantidad de personas encarceladas por infracciones no violentas relacionadas con las drogas llega a las cuatrocientas mil, de unas cincuenta mil en 1980.

2010: El presidente Barack Obama firma la Ley de Sentencias Justas, que reduce las sentencias más prolongadas en los casos que involucran cocaína crack.

2018: El presidente Trump firma la Ley del Primer Paso, que reduce las sentencias prolongadas en cárceles federales y mejora sus condiciones.

GLOSARIO

código negro: un tipo de ley aprobada después de la Guerra Civil que limitaba los derechos de las personas negras

delito grave: un delito que puede ser castigado por más de un año en prisión

encarcelamientos masivos: poner grandes cantidades de personas en prisión

ley de Jim Crow: un tipo de ley aprobada después de la Reconstrucción que tenía la intención de segregar y poner en desventaja a las personas negras

libertad bajo palabra: condiciones en las cuales un preso puede ser liberado antes

libertad condicional: una sentencia durante un período de supervisión, en lugar de cumplir la condena en la cárcel

penas mínimas obligatorias: la cantidad mínima de tiempo en prisión por una ofensa

reincidencia: volver a la conducta delictiva

responsabilizar: que tiene la obligación de responder por algo

tolerancia cero: una política que aplica el castigo más severo a quien infrinja una norma o ley

NOTAS SOBRE LAS FUENTES

8   "La Constitución: Enmiendas 11-27", Archivos Nacionales, última revisión el 14 de octubre de 2020, https://www.archives.gov/founding-docs/amendments-11-27.

8   Bryan Stevenson, "Slavery Gave America a Fear of Black People and a Taste for Violent Punishment. Both Still Define Our Prison System," *New York Times Magazine*, 14 de agosto de 2019, https://www.nytimes.com/interactive/2019/08/14/magazine/prison-industrial-complex-slavery-racism.html.

18   Tunette Powell, "My Son Has Been Suspended Five Times. He's 3", *Washington Post*, 24 de julio de 2014, https://www.washingtonpost.com/posteverything/wp/2014/07/24/my-son-has-been-suspended-five-times-hes-3/.

LISTA DE LECTURAS DE READ WOKE

Beaty, Daniel. *Knock Knock: My Dad's Dream for Me*. Nueva York: Little, Brown, 2013.

Centro Brennan para la Justicia
https://www.brennancenter.org

Exhibición virtual *Prisons Today*
https://interactives.ap.org/2016/prisons-today/

Ficha informativa de la Justicia Penal de NAACP
https://www.naacp.org/criminal-justice-fact-sheet/

Kaba, Mariame. *Missing Daddy*. Chicago: Haymarket Books, 2019.

Marks, Janae. *From the Desk of Zoe Washington*. Nueva York: Katherine Tegen Books, 2020.

Murray, Elizabeth A, PhD. *The Dozier School for Boys: Forensics, Survivors, and a Painful Past*. Mineápolis: Twenty-First Century Books, 2020.

Poole, Hilary W. *Incarceration and Families*. Broomall, PA: Mason Crest, 2017.

Woodson, Jacqueline. *Visiting Day*. Nueva York: Puffin, 2015.

ÍNDICE

AGRADECIMIENTOS POR LAS FOTOGRAFÍAS

Elementos de diseño: Kitch Bain/Shutterstock.com; Ajay Shrivastava/Shutterstock.com; johnjohnson/Shutterstock.com. Créditos de las imágenes: LightField Studios/Shutterstock.com, p. 1; Andrey_Popov/Shutterstock.com, p. 4; Creator/Independent Picture Service, p. 5; Motortion Films/Shutterstock.com, p. 6; Biblioteca del Congreso, p. 7; Tippman98x/Shutterstock.com, p. 9; Biblioteca del Congreso (LC-D401-16155), pp. 10, 26 (top); AP Photo/Harvey Georges, pp. 11, 26 (bottom); Contraband Collection/Alamy Stock Photo, p. 12; Science History Images/Alamy Stock Photo, p. 13; Laura Westlund/Independent Picture Service, p. 14; PureRadiancePhoto/Shutterstock.com, p. 15; Kate Way/Shutterstock.com, p. 16; Michael Siluk/Alamy Stock Photo, p. 17; weedezign/Shutterstock.com, p. 19; AP Photo/Invision/Extra (Portal and Webfeeds), p. 20; AP Photo/Kathy Willens, p. 21; AP Photo/Rogelio V. Solis, p. 22; AP Photo/Charles Krupa, p. 23; Kate Way/Shutterstock.com, p. 27. Fernando Decillis, retratos fotográficos de Cecily Lewis.

Portada: Milano Art/Shutterstock.com; LightField Studios/Shutterstock.com.

Consultora de contenidos: Dra. Artika R. Tyner, fundadora de Planting People Growing Justice

ediciones Lerner
Una división de Lerner Publishing Group, Inc.
241 First Avenue North
Mineápolis, MN 55401, EE. UU.

Si desea averiguar acerca de niveles de lectura y para obtener más información, favor consultar este título en www.lernerbooks.com.

Fuente del texto del cuerpo principal: Aptifer Sans LT Pro.
Fuente proporcionada por Linotype AG.

Library of Congress Cataloging-in-Publication Data

Names: Lewis, Cicely, author.
Title: Encarcelamientos masivos, hombres negros y la lucha por la justicia / Cicely Lewis.
Other titles: Mass incarceration, Black men, and the fight for justice. Spanish
Description: Minneapolis : ediciones Lerner, 2022. | Series: Debates en marcha | "Read woke books"—Cover. | Includes bibliographical references and index. | Audience: Ages 9–14 | Audience: Grades 4–6 | Summary: "The US criminal justice system disproportionately targets Black men, resulting in much higher incarceration rates and impacts that can last a lifetime. Readers learn this system's history and context and ways they can help. Now in Spanish!"— Provided by publisher.
Identifiers: LCCN 2021059750 (print) | LCCN 2021059751 (ebook) | ISBN 9781728474298 (library binding) | ISBN 9781728474496 (paperback) | ISBN 9781728474502 (ebook)
Subjects: LCSH: Imprisonment—Moral and ethical aspects—United States—Juvenile literature. | African American prisoners—Juvenile literature. | Discrimination in criminal justice administration—United States—Juvenile literature. | United States—Race relations—Juvenile literature.
Classification: LCC HV9471 .L4718 2022 (print) | LCC HV9471 (ebook) | DDC 365/.608996073—dc23

LC record available at https://lccn.loc.gov/2021059750
LC ebook record available at https://lccn.loc.gov/2021059751

Fabricado en los Estados Unidos de América
1-52025-50538-12/2/2021